AF340313

BIOGRAPHIE

DES

HOMMES DU JOUR,

PAR

G. Sarrut & B. Saint-Edme.

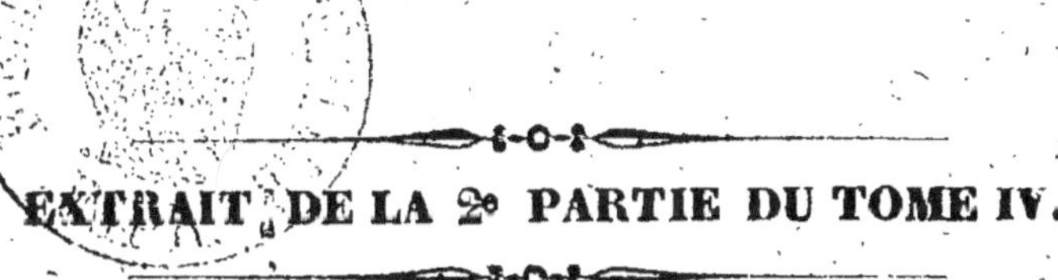

EXTRAIT DE LA 2ᵉ PARTIE DU TOME IV.

PARIS.

AU DÉPOT GÉNÉRAL, RUE DE L'OSEILLE, 7,

ET CHEZ H. KRABBE, ÉDITEUR,

QUAI SAINT-MICHEL, 15.

BIOGRAPHIE

DE

Armand-Maximilien-François-Joseph-Olivier de SAINT GEORGE,

MARQUIS DE VÉRAC.

Le hasard de la naissance et quelques circonstances aux premiers jours de la vie, exercent sur les hommes une influence à laquelle ils ne sauraient que difficilement échapper. Voués à l'industrie, aux arts, à la politique, presque tous fournissent une arrière qu'ils n'ont pas été les maîtres de choisir : ainsi qu'on cède souvent à un ordre d'idées qui semblent naturelles et justes, quoique elles soient le fruit des erreurs et des passions humaines, on s'abandonne en quelque sorte aveuglément aux impressions reçues dès l'enfance et pendant sa jeunesse. — Si les goûts, les penchans, les convictions changent et se modifient par un intérêt d'ambition désordonnée et de mauvaises passions, l'exemple est fâcheux, l'homme devient méprisable; mais si, au contraire, l'homme est demeuré ferme dans ses goûts, dans ses penchans, dans ses convictions, si tous ses actes ont été une conséquence logique les uns des autres, sa constance et sa probité le rendent digne des égards de ses concitoyens

Ces réflexions s'appliquent à la personne dont nous allons tracer la notice biographique. M. de Vérac a constamment suivi la religion politique de ses pères.

Armand - Maximilien - François - Joseph-Olivier de Saint-George, Marquis de VÉRAC, naquit à Paris, le 1er août 1768, et non en 1770, comme l'a avancé la *Biographie des Hommes Vivans*, par M. Michaud.

Entré, fort jeune encore, dans les gardes-du-corps, il passa, en 1786, au premier régiment de carabiniers royaux avec

le grade de sous-lieutenant de remplacement (1) et y fut nommé capitaine de remplacement en 1788.

En 1790, le jeune officier rejoignit son
père, alors ambassadeur en Suisse (2).

A cette époque, le baron de Breteuil,
ancien ministre de la maison de Louis
XVI, et qui, après le 14 juillet 1789, n'a-
vait évité le sort de Foulon et de Berthier
que par une fuite précipitée, habitait, avec
sa famille, la ville de Soleure, résidence
de l'ambassade française. On a dit, qu'au
moment de partir, il avait reçu de Louis
XVI un pouvoir illimité « pour traiter
« avec les cours étrangères, et proposer,
« au nom du roi, tous les moyens propres
« à rétablir l'autorité royale en France.»

(1) Les officiers de remplacement étaient ceux qui ser-
vaient sans traitement. Chaque deuxième année de service leur donnait droit à un grade nouveau.

(2) Le marquis Charles-Olivier de Saint-George, né,
le 10 octobre 1743, au château de Couhé-Vérac, dans le
Poitou, fut successivement, depuis 1772, ministre-pléni-
potentiaire en Westphalie, en Danemarck et en Russie,
et ambassadeur en Hollande et en Suisse. Il donna sa
démission, en 1791, après le manque de succès du voyage
à Varennes, parcourut l'Italie et l'Allemagne, rentra en
France en 1814, fut nommé lieutenant-général en 1816,
et mourut le.....

Nous ignorons jusqu'à quel point cette allégation est fondée ; mais il ne nous paraît pas déraisonnable d'y croire, surtout après avoir approfondi les faits que nous allons rapporter.

Au commencement de l'année 1791, Louis XVI fit savoir au baron de Breteuil la détermination qu'il avait prise de quitter Paris et de se retirer à Montmédi, où le marquis de Bouillé devait le recevoir à la tête des troupes sous ses ordres, et que l'on supposait être restées fidèles à la royauté. Nous tenons de source sûre que peu de jours après cet avertissement, Louis XVI avait envoyé à son ancien ministre des *pouvoirs illimités* « pour suivre « avec les puissances étrangères les né- « gociations auxquelles ce projet de dé- « part devait nécessairement donner lieu. »

Aussitôt après la réception de ces pouvoirs, le baron de Breteuil proposa au roi d'admettre le capitaine de carabiniers dans cet important secret, en représentant qu'il lui était indispensable d'avoir quelqu'un pour ses correspondances avec l'étranger et pour ses relations avec le roi lui-même. Louis XVI agréa cette proposition, et M. de Vérac ne tarda pas à faire un voyage à Paris.

On lui fit des communications relatives au voyage à Varennes ; on lui confia des dépêches pour M. de Breteuil, et il quitta Paris en même temps que la famille royale, persuadé que la volonté de Louis XVI, était de régner, à son retour, en se conformant à la constitution qu'il avait jurée. Nous n'avons pas à discuter cette foi d'un cœur généreux.

Après l'exécution révolutionnaire du 21 janvier, M. de Vérac se décida à entrer au service de l'empereur d'Autriche. Officier volontaire attaché à l'état-major général comme aide-de-camp du prince de Valdeck, il fit plusieurs campagnes, se trouva à la bataille de Fleurus (1794), au siége de Mayence (1795) et à la bataille de Castiglione (1796).

N'étant porté nominativement sur aucune liste d'émigrés, il profita du repos et de la sécurité que les commencemens du consulat promettaient au pays, et rentra le 16 fructidor an VIII (3 septembre 1800).

Trois faits d'une importance personnelle dominent la vie de M. de Vérac depuis sa rentrée en France jusqu'à la restauration.

En 1807 l'Empereur lui imposa une sorte d'exil en Belgique, où il vécut pendant quelque temps sous la surveillance des autorités administratives. La cause de cette rigueur ne nous est pas connue. Nous savons seulement que M. de Vérac l'attribue à son refus de se mettre à la disposition de l'Empereur. Toutefois cet exil n'avait rien de bien rigoureux, car l'exilé venait librement, tous les trois ou quatre mois, passer une quinzaine de jours dans ses propriétés en France.

Il paraît cependant que M. de Vérac prit son parti, entraîné peut-être par les observations de son oncle, M. de Ségur, puisque, nommé chambellan de Napoléon, il accepta cette fonction de cour (29 mars 1813).

En 1810, il avait épousé mademoiselle

de Noailles., et, par cette alliance, était devenu neveu de Lafayette.

Malgré sa position, il salua le retour des Bourbons avec joie et fut successivement nommé chevalier de Saint-Louis (24 août 1814), membre du conseil général de Seine-et-Oise (30 septembre 1814) et pair de France (17 août 1815).

Quoique les trois faits que nous venons de signaler, l'exil, le mariage et la pairie, soient de nature à marquer l'existence d'un homme; il est, pour M. de Vérac, un autre grand événement destiné à frapper moralement et matériellement tout l'avenir d'une famille : nous voulons parler du testament de M. Courbeton, qui donna lieu à de scandaleux débats. Nous allons réduire toute cette affaire à sa plus simple expression, la justice ayant prononcé et notre rôle d'historiens nous obligeant à négliger tout ce que la malignité et l'intérêt d'un plaideur mécontent peuvent prêter à l'interprétation des actes de son adversaire.

Quelques années avant d'épouser madémoiselle de Noailles, M. de Vérac avait été au moment de contracter mariage avec mademoiselle de Trudaine, fille de l'ancien premier président du parlement de Dijon. Une maladie de poitrine vint y mettre obstacle, et enleva bientôt cette dame à sa famille. Les prévisions de M. de Vérac furent donc ainsi justifiées, et son refus fit honneur à ses principes de convenance et de probité. M. Micault de Courbeton, frère de madame de Trudaine, resta intimement lié depuis cette époque avec celui qui avait dû être son beau-frère. M. de Courbeton mourut en 1809, et, n'ayant aucun parent de son nom, institua, par testament, M. de Vérac son légataire universel. Tous les parens de M. de Courbeton respectèrent la volonté du défunt, à l'exception de madame le Roux du Chastelet, sa cousine, qui intenta à M. de Vérac, au sujet de ce legs universel, un procès qu'elle perdit en première instance, en cour royale et en cassation. Me Berryer fils plaidait pour M. de Vérac. Nous ajouterons que c'est au testament de M. de

Courbeton que M. de Vérac doit une grande partie de sa fortune.

L'action politique de M. de Vérac se divise, depuis la restauration, en trois grandes parts, indiquant également la confiance qu'il sut inspirer aux gouvernemens de Louis XVIII et de Charles X : la pairie, le conseil général de Seine-et-Oise, dont il fut membre et président en 1817, 1819, 1820, 1821 et 1827, et le collége électoral du même département, qu'il présida en 1820, 1821, 1823, 1824 et 1827.

Nous avons sous les yeux les discours que M. de Vérac prononça aux colléges de 1820, 1824 et 1827. Que demandait aux électeurs le président choisi par la royauté ? Des députés *amis sincères et zélés de la Charte, également dévoués au trône et à la patrie*, enfin, des députés qui crussent *à la fortune des Bourbons* ? C'était pour l'honorable président, rester dans son caractère et dans ses affections.

Au conseil général, il appuya de son vote et de toute son influence toutes les mesures favorables aux intérêts du peuple et des agriculteurs (1).

A la pairie, il a été secrétaire des 2ᵉ et 4ᵉ bureaux ou secrétaire de la Chambre en 1816, 18, 21, 23; membre du comité des pétitions en 1818, 19, 20; membre des diverses commissions en 1822, 25, 27, 28, 29, 31; il a pris spécialement la parole en 1819, 21, 25, 27, 28. 29, 30, 36.

On comprendra sans doute le motif de ces citations: nous avons voulu démontrer que M. de Vérac ne demeura pas inactif sur le fauteuil de patricien, quoique, comme gouverneur des châteaux de Versailles et de Trianon depuis 1819 (21 juillet), il fût appelé à d'autres soins, à d'autres occupations assez graves.

Ami depuis sa jeunesse du duc de Richelieu (2), il ne s'est jamais séparé de ceux

(1) En 1826, il concourut à faire établir l'institution agronomique royale de Grignon, et devint un de ses membres. — Il avait été un des fondateurs de la société pour l'amélioration des Prisons. — Nous pourrions citer un grand nombre d'actes de bienfaisance et de générosité qui serviraient à prouver que ses votes ont toujours été le fruit d'un élan de son cœur.

(2) Nous savons qu'il a puissamment contribué au rap-

de ses collègues qui faisaient partie de la réunion du cardinal Bausset ; réunion dirigée dans une voie de dévoûment aux Bourbons à la fois et à la cour de Rome.

Dans la séance du 23 février 1819, M. de Vérac monta à la tribune pour lire le discours qu'il avait composé à l'occasion de la mort du prince de Poix. Ce discours, écrit avec toute la simplicité d'un sentiment véritable de regret, émut l'assemblée. En voici la dernière phrase, qui témoigne que M. de Vérac saisissait toutes les occasions de provoquer le respect et l'attachement à ses princes :

« Messieurs, le souvenir de M. de Poix vous sera toujours cher ; vous n'oublierez jamais ce courage, ce dévoûment à son maître et à ses devoirs ; toutes ces vertus dont il a ambitionné d'être le martyr. Sa mémoire vous sera retracée par son fils, qui doit le remplacer parmi vous, comme il le remplace auprès du roi. Tous deux étaient dignes d'appartenir à cette famille

prochement qui s'est opéré entre ce ministre et M. de Villèle.

dont il est dit en divers diplômes : *que jamais elle n'a servi dans un parti contre son roi.* »

Après la révolution des trois jours, il prêta serment purement et simplement.

Le 7 août 1830, il déclara que jamais l'exclusion de ses collègues ne serait votée par lui.

Dans l'affaire de M. Dubouchage, en 1831, il se prononça pour l'exécution de la loi; et pourtant M. Dubouchage était son co-religionnaire politique.

Au 15 janvier 1833, il supplia la Chambre de ne pas associer la France *au crime du 21 janvier, en supprimant tout témoignage de deuil et de regret pour la mort de Louis XVI.*

En 1835, il se montra favorable aux lois de septembre, ainsi qu'il l'avait fait, en 1827, au sujet de la loi restrictive de la liberté de la presse, parce que, à ces deux époques, le bruit de la rue lui parut menacer le gouvernement constitutionnel, passé dans les mœurs politiques de son pays.

M. de Vérac a siégé dans les procès suivans :

Ney, 1815. A voté la mort, à l'exemple du duc de Richelieu, *comme une nécessité imposée par la position de la monarchie en 1815 (1)*.

Les ministres de Charles x. 1830. S'est prononcé contre la mort, *attendu qu'ils n'avaient pas violé le pacte fondamental de l'état*.

Fieschi, Morey, Pépin. 1835. A voté la mort : *il y avait eu assassinat*.

Alibaud. 1836 (juin). Même vote pour la même cause.

Meunier, Lavaux. 1836 (décembre). Même vote pour la même cause à l'égard de Meunier. Quant à Lavaux, voici textuellement ce qu'il dit à la cour :

« Messieurs, il n'y a qu'un témoin, qu'un seul témoin contre Lavaux ; ce témoin est Meunier. Je ne peux pas mettre de côté, comme un de mes collègues, cet axiome de notre jurisprudence : *testis unus, testis nullus*. Il y a bien, je le recon-

(1) Nous savons positivement que le maréchal Ney fut gardé par des gardes-du-corps déguisés en gendarmes.

nais, une foule de semi-preuves; mais en les réunissant elles ne pourront jamais devenir une preuve positive. En Angleterre, on a exprimé cette vérité en disant qu'*avec dix chevaux gris on ne pouvait jamais parvenir à faire un cheval blanc.* Le crime ne m'étant donc pas complètement démontré, je prononce : *non coupable.* — Un de nos honorables collègues nous a dit que si le jugement de la cour était trop sévère, le condamné trouverait un refuge assuré dans la clémence royale. Voici la réponse que je lui adresse : On pressait un des juges du général Moreau de prononcer la peine capitale, en l'assurant que l'Empereur ferait grâce à cet illustre guerrier. Le juge répondit ce peu de mots : «*Et à moi, qui me fera grâce ?*»

On voit que M. de Vérac a constamment suivi une ligne uniforme : zèle pour ses princes, respect à la Charte, fermeté et probité dans l'application de la justice.

Certainement il devait être dévoué aux Bourbons, car, indépendamment des causes préexistantes que nous avons déjà indiquées, il avait reçu d'eux des marques de reconnaissance pour ses services. Parmi toutes celles que nous pourrions signaler, nous nous bornerons à celles-ci :

Commandant des gardes nationales de l'arrondissement de Rambouillet avec rang de colonel (1er avril 1817);

Décoré du titre de marquis, son frère aîné n'ayant pas d'enfans (1818);

Reçoit à son château du Tremblay une visite particulière de madame la duchesse d'Angoulême, visite de bienveillance au bon et loyal serviteur (1819);

Chevalier de la Légion d'Honneur (8 mai 1821);

Maréchal-de-camp (grade honorifique. — 16 juillet 1823);

Officier de la Légion d'Honneur (19 août 1823);

Commandeur (22 mai 1825);

Grand-officier (31 octobre 1828).

Toutes ces distinctions étaient des récompenses méritées.

Hommes de conscience démocratique, nous nous plaisons à rendre justice aux hommes d'une religion politique qui ne saurait être la nôtre, lorsqu'ils ont été sincères et constans dans la foi qu'ils avaient embrassée.

FIN.

Imp. de P. Baudoulu, rue Mignon, 2.